HET BUCKETLIST BOEK

het BUCKET LIST boek

500 dingen die je gedaan moet hebben

ELISE DE RIJCK

LANNOO

Ik ben Elise, aangenaam *handjes schudden*!
Enkele weken voor mijn 29ste verjaardag raakte ik in paniek, dertigersvrees noem ik het. Ik besefte plots dat het leven zo snel gaat dat ik vastberaden was om de dingen die ik altijd wilde doen, niet meer uit te stellen naar later.
Daarom heb ik een lijst opgesteld van 30 dingen die ik nog wil doen voor mijn 30ste verjaardag. Een boek schrijven is daar een van en jij hebt het resultaat in handen. Met Het Bucketlist Boek wil ik je inspireren én motiveren om zo veel van jouw dromen waar te maken. Mijn andere avonturen kan je volgen via @abucketlistlife.
Maar genoeg over mij, dit is jouw boek! Veel plezier ermee, en dat al je dromen werkelijkheid mogen worden!

Dit boek zal je leven veranderen, echt waar. Geen paniek, het is geen zelfhulpboek en je zal niet overspoeld worden met filosofische levensvragen. Maar van dit boek ga je dansen in de regen, het laat je in bomen klimmen, levens redden en de wereld zien. Je wordt er slimmer door en met een beetje geluk krijg je er zelfs een topconditie van en komen al je dromen uit.
Toegegeven, dat is misschien niet helemaal waar. De enige persoon die je dromen kan waarmaken ben jij! Maar het geeft je wel een duwtje in de rug. We hebben allemaal dromen die door een drukke levensstijl nog niet zijn uitgekomen. Dingen die we uitstellen naar later omdat het nu te druk is. Maar wat als dit later is? (Oops, filosofische levensvraag!). laten we 'ooit', 'later' en 'als' even schrappen uit ons woordenboek en leven in het nu. Dit boek helpt je op weg met 500 ideeën die je leven verrijken.

Ik daag je uit om al die dingen te doen of toch degene die jij leuk vindt, want het is jouw leven. Er zijn geen spelregels en er staat geen tijdslimiet op. Vanaf pagina 169 is er plaats voorzien voor jouw persoonlijke doelen en om jouw droomleven te ontwerpen. Je vindt er vijf tips die je helpen de perfecte bucketlist op te stellen.

Ben je klaar voor nieuwe avonturen? Ready, set, go!

Deel je ervaringen via Instagram, Facebook of Twitter met de hashtag #abucketlistlife. Dat kan een motiverende quote zijn, een foto van jezelf terwijl je een van de uitdagingen uit dit boek aangaat of een foto van dat tropische eiland dat je al lang eens wilde bezoeken.
Op www.abucketlistlife.com kan je je laten inspireren door foto's van anderen.

stop dreaming,
start doing!

TODAY IS THE
YOUNGEST
you'll ever be.
SO IF NOT NOW, WHEN...

1. ☑ Een bucketlist maken. Proficiat, je eerste item is al aangevinkt. Doe zo voort!

2. ☐ MET EEN HOND GAAN WANDELEN. OF MET EEN KAT, EEN KONIJN OF EEN GOUDVIS.

Als dat laatste je lukt, wil ik daar graag het bewijs van zien! #abucketlistlife

3. ☐ Een liefdesbrief schrijven of ☐ er een ontvangen.

Aan__________________ / Van ______________________

Love you x forever

4. ☐ IN DE REGEN DANSEN.

Like nobody's watching!

5. ☐ Een concert van ______________________________

Vul hier je favoriete artiest/band in.

bijwonen. ☐ En op de eerste rij staan.

6. ☐ EEN VOEDSELGEVECHT HOUDEN.

ALS JE HET LIEVER WAT NETTER HOUDT IN DE KEUKEN, GELDT ☐ EEN SNEEUWBALLENGEVECHT ☐ EEN WATERGEVECHT OF ☐ EEN MODDERGEVECHT OOK.

BEN JE ÉCHT GEEN WAAGHALS (OF ZELFS EEN BEETJE SAAI) DAN WORDT ☐ EEN KUSSENGEVECHT OOK GOEDGEKEURD.

7. ☐ Op een podium staan en ☐ een staande ovatie krijgen. Applaus!

8. ☐ Met een tandem fietsen.

9. ☐ Een vuurtje stoken.

Buiten! Je wilt je huis immers niet in rook laten opgaan.

10. ☐ 10 HOOFDSTEDEN BEZOEKEN, WANT JE BENT EEN MAN/VROUW VAN DE WERELD!

☐ ________________ ☐ ________________

☐ ________________ ☐ ________________

☐ ________________ ☐ ________________

☐ ________________ ☐ ________________

☐ ________________ ☐ ________________

11. ☐ Je grootste angst overwinnen:

____

Want je bent toch geen mietje?!

12. ☐ De zon zien zakken in de zee.

Nu zit je 3 dagen met dit liedje in je hoofd. Alvast mijn excuses!

☐ Met je blote voeten in het gras lopen. 13.

Opletten voor hondendrollen!

☐ JE EERSTE GRIJZE HAAR UITTREKKEN. JE BENT ... JAAR JONG! **14.**

(JA, JE ZIET HET GOED! HIER IS RUIMTE OPEN GELATEN OM DIE GRIJZE HAAR OP TE PLAKKEN; JAKKES!)

15. ☐ OP 'BLIND DATE' GAAN. (DIT WORDT STERK AFGERADEN ALS JE EEN RELATIE HEBT!)

16. ☐ EEN OVERDOSIS ___________________ ETEN.

AANRADER: SNOEP, CHOCOLADE OF POPCORN.
AFRADER: CHILIPEPERS (OH, DE DAY AFTER) EN LOOK, VOORAL ALS JE NOG NAAR DIE BLIND DATE MOET.

17.

Je ☐ kleinkinderen zien opgroeien.

Maar eerst ☐ mama ☐ papa worden.

18.

Proficiat!

19.

☐ Een (mensen)leven redden. Spannend! Hoe voelt het om een held te zijn?

____

____

____

____

20.

☐ Bloed doneren (Dan mag je meteen ook nummer 19 aanvinken)

21.

Een brief schrijven aan jezelf binnen 10 jaar ☐

____

22.

☐ Een dakloze helpen

Jij hebt het hart op de juiste plaats!

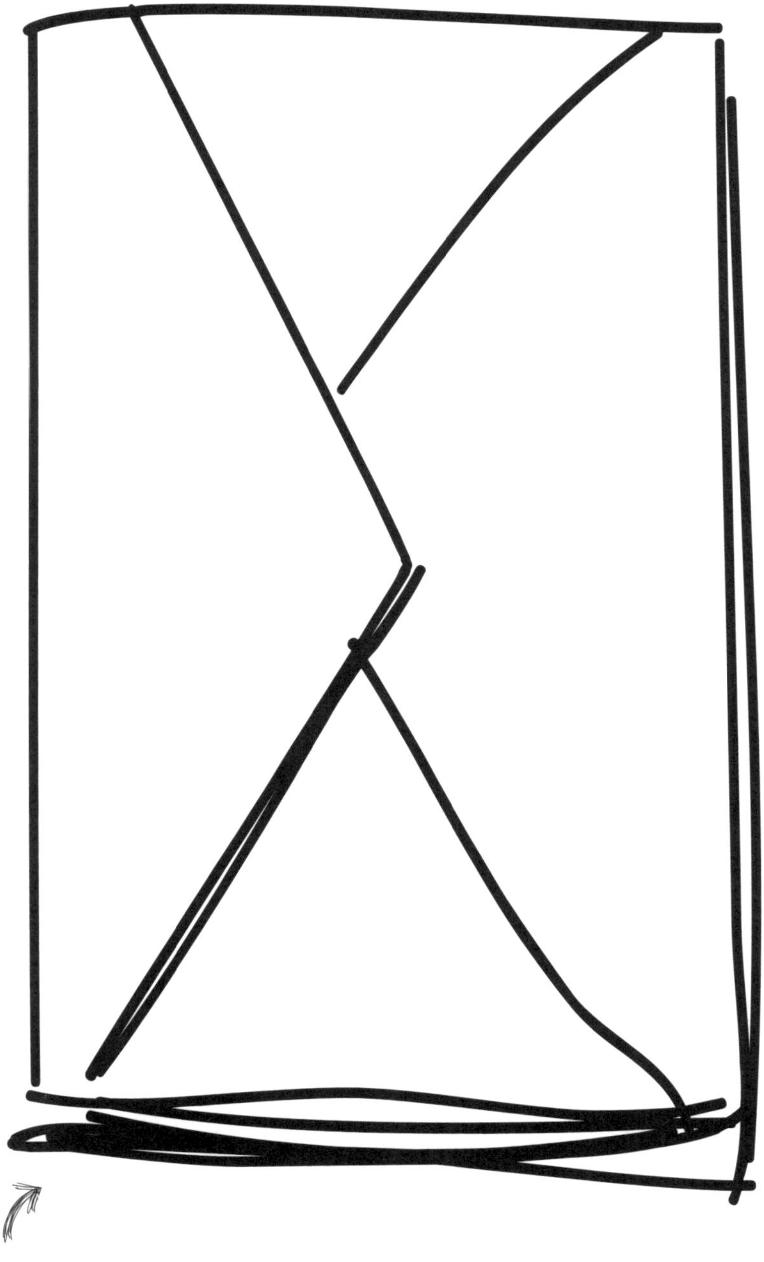

21. – KLEEF HIER DE BRIEF NAAR JE TOEKOMSTIGE ZELF IN EEN GESLOTEN OMSLAG. JE MAG HEM PAS OPENMAKEN OP .. / .. / 20.. . KAN JE JE NIEUWSGIERIGHEID 10 JAAR LANG BEDWINGEN?

23. ☐ Venetië bezoeken voor het gezonken is ☐ en er met een gondel varen.

☐ Een boek schrijven met als titel: 24.

____

25. ☐ Een koe melken. MOOOO!

☐ Een klasreünie bijwonen. (Neem het initiatief!)
Van deze persoon had ik niet verwacht dat hij/zij zou worden wat hij/zij nu is:

____

Deze persoon herkende ik bijna niet meer: 26.

____

Deze persoon had ik liever niet teruggezien:

____

Niemand leest mee!

27. ☐ Een taart in iemands gezicht gooien.
Het was een ____________________ taart. Lekker!

28. ☐ Skieën of ☐ snowboarden ☐ zonder iets te breken.

29. ☐ Je lichaam in topvorm krijgen. (Je zal jezelf dankbaar zijn.)

30. ■ Onder de sterren slapen. Twinkle twinkle.

Waar? ____________________

Met wie? ____________________

31. ■ Een snor laten groeien.

Nee dames, jullie niet!

32. ■ Een UFO zien ■ en niet bang zijn dat mensen je voor gek verklaren.

33. ■ Alle werelddelen bezoeken.

- ■ Azië
- ■ Afrika
- ■ Noord-Amerika
- ■ Zuid-Amerika
- ■ Antarctica
- ■ Europa
- ■ Oceanië

34. ■ Een week (over) leven zonder sociale media.

#digitaldetox #offline #unplugging #signoff #disconnecttoreconnect #welcometotheflipside #intotherealworld

35.

☐ 10 nieuwe woorden leren (en ze ook gebruiken).

☐ ____________________ ☐ ____________________

☐ ____________________ ☐ ____________________

☐ ____________________ ☐ ____________________

☐ ____________________ ☐ ____________________

☐ ____________________ ☐ ____________________

Oh you, smartypants!

36.

☐ Iets ongelooflijk moedigs doen. Vertel meer:

____

____

____

____

____

____

____

____

____

____

____

____

when was the last time you did something for the first time?

☐ Bingo spelen in een rusthuis en ☐ een valse 'bingo' roepen. **37.**

38. ☐ Een slang in je nek leggen.

39.

☐ Een lijflied kiezen. lalalalalalala.... Wat is het geworden?

40.

☐ Het gras maaien en genieten van de geur van versgemaaid gras.

41.

☐ Met je kleren aan in een zwembad springen of ☐ douchen met je sokken aan.

42.

☐ Een veiling bijwonen ☐ en op iets bieden. Had je het hoogste bod? Ja/nee.

43.

⌂ Een huis/appartement kopen.

☐ Deelnemen aan een spelprogramma op tv **44.**

of als je wat schuchter bent telt ☐ de lokale dorpsquiz ook!

45. ☐ Iemand inspireren. Wie en hoe?

46.8 Trouwen met de liefde van je leven.

Kleef hier een foto van jullie prachtige dag!

.../.../20....

47. ☐ De wereldvrede beleven.

Willen we dat niet allemaal?

48. ☐ JEZELF AANMELDEN ALS ORGAANDONOR.

Wat heb je nog aan een nier als je toch niet meer kan drinken?

49. ☐ EEN VUURWERKSPEKTAKEL MEEMAKEN.

50. ☐ Een boodschap in een fles versturen.

Zet je adres erbij, je weet nooit of iemand je wil terugschrijven.

51.

☐ Alles op rood inzetten in een casino.

52.

☐ Opslag vragen.
(Zeker doen als het balletje op zwart viel).

53.

☐ Zingen voor publiek. Karaoke telt!

First you'll be afraid, you will be petrified
You will keep thinkin' you could never sing this song with pride
But then you'll spent so many nights thinking how it could go wrong,
and you grew strong, you learned how to sing a song.

You will not crumble? You will not lay down and die?
Oh no not you! You will survive! Hey hey..

54.

☐ Het Guinness Book of World Records halen.

Waarmee? ____

____

____

☐ GELUKKIG ZIJN.

55

56.

☐ Ongenodigd een feestje binnen komen vallen ☐ of binnen proberen te sluipen bij een uitverkocht optreden.

57.

☐ In een cabrio (mee)rijden en luidkeels meezingen met de foutste muziek. Boom boom boom boom!

58.

☆ Een wens doen bij het zien van een vallende ster.

59. ☐ Een kogel afvuren.

Ja, het schietkraam op de kermis geldt ook!

60. ☐ Een (geld)prijs winnen. Wat/Hoeveel heb je gewonnen?

____

61. ☐ Met je tenen je neus aanraken. Owla!

62. ☐ Bevriend zijn met iemand uit een andere cultuur.

63. ☐ Een sigaar roken ☐ in Cuba.

64. ☐ JE RIJBEWIJS HALEN. VROEM VROEM!

65. ☐ IN EEN BOOM KLIMMEN.

66. ☐ Een klavertjevier vinden.

67.

☐ Wijn proeven die gemaakt is in je geboortejaar.
Dat is het jaar _____.

68.

☐ Een 1 aprilgrap verzinnen en hem uitvoeren.
Vertel meer:

____

____

____

____

____

____

____

Haha, dat is grappig!

69.

☐ Jezelf opzoeken via Google.

Hoeveel zoekresultaten heb je? _________________________

70.

☐ Een kikker kussen en kijken of hij in een prins verandert. SMAK!

71.

☐ Een woord verzinnen en ervoor zorgen dat anderen het ook echt gebruiken.

Het woord is: ______________________________

en betekent: ____________________________________

Hoezo 'fossie' is geen woord? Nu wel. Jij ben een fossie*!

72.

☐ Met Chinese stokjes eten ☐ in China.

73.

☐ Roomservice bestellen in een hotel.

74.

☐ 24 uur alleen doorbrengen.

*Fossie: een persoon die elke dag het beste van zijn/haar leven wil maken.

75.

☐ Iemand bespioneren (inclusief vermomming).

Wie? ______________________________

Had hij/zij je door? Ja/nee.

76. ☐ De macarena dansen. Heeeeey Macarena AAAhAA!

77.

☐ Een huisdier nemen.

Is het een tijger? En aap? Een giraf?

Of koos je toch voor een kat of hond?

Hij/zij heet____________________

Woef*Miauw

78. ☐ Een duik nemen in ijskoud water. BRRRRR.

79. ☐ EEN HELE DAG IN BED BLIJVEN LIGGEN.

80. ☐ JE STEM VERVORMEN ALS JE DE TELEFOON OPNEEMT EN BLIJVEN VOLHOUDEN DAT DE PERSOON AAN DE ANDERE KANT VAN DE LIJN VERKEERD VERBONDEN IS (OOK ALS HIJ/ZIJ JE AL LANG DOORHEEFT)

Wie heb ik aan de lijn? Hallo, halloooo?

81. ☐ Over hete kolen lopen. Auwtch!

82. ☐ Je haarkleur veranderen om te zien hoe het leven is als brunette/blondine.

VOOR:

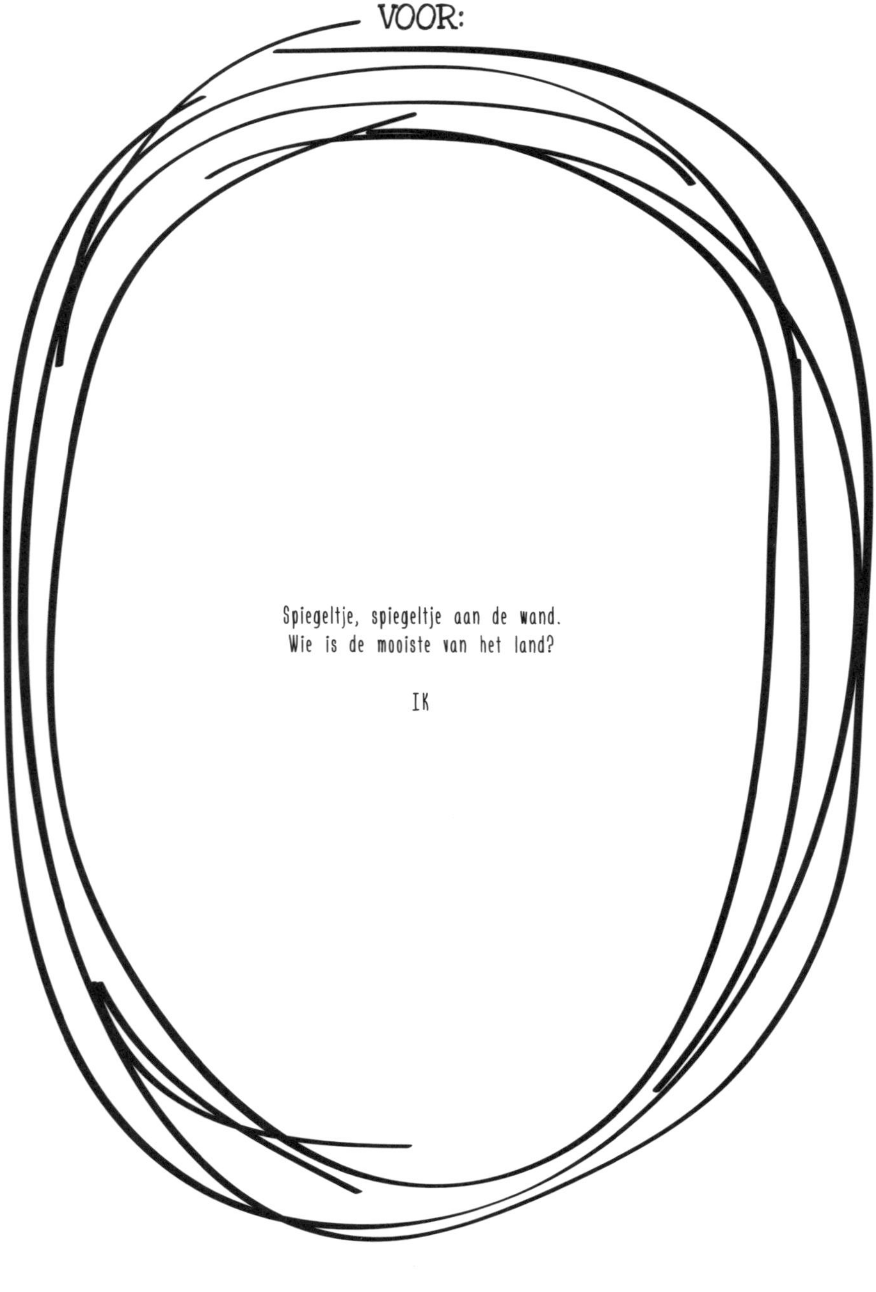

NA:

OF IK?

En? Do blondes have more fun? Ja/Nee. Of voelde je je slimmer als brunette? Ja/nee

83. ☐ Op de top van een berg staan.

Het hoeft niet de Everest te zijn!

84. ☐ Een scheet laten in een lift.
(en uiteraard doen of iemand anders het deed.)

☐ Je droombaan vinden. 85.

86. ☐ Een nieuwjaarsvoornemen minstens een jaar volhouden. Zo, vertel. Wat ga je (niet) meer doen dit jaar?

____

____

____

87. ☐ Backstage gaan bij een concert van

____

collect
MOMENTS,
NOT THINGS.
HAVE STORIES
TO TELL, NOT
STUFF TO SHOW.

88. ☐ De slappe lach krijgen ☐ op een ongepast moment.

HA HA HA HA HA HA HA HA HA HA HA HA HA HA

89. ☐ Een boom knuffelen.

Vraag me niet waarom dit ertussen staat.

90. ☐ Jezelf volledig voor schut zetten. (Terwijl je die boom knuffelt?)

91. ☐ Dat veel te dure item kopen dat al een eeuwigheid op je verlanglijstje staat. Want je bent het waard! Wat staat er allemaal op jouw wishlist?

____

____

____

____

____

92. ☐ Een boom planten ☐ en zien groeien.

93. ☐ Jezelf voor één avond voordoen als iemand anders.
Heb je altijd al eens willen weten hoe het leven van een Parisien(ne) eruitziet? Vandaag bén je een Parisien(ne)! C'est chic!

☐ Over de kop gaan in een rollercoaster. 94.

95. Op de rug van een ☐ paard
☐ koe
☐ stier
☐ ezel
☐ olifant gaan zitten.

96. ☐ MEERIJDEN IN EEN LIMOUSINE
☐ EN CHAMPAGNE DRINKEN. UITERAARD!

97. ☐ (MINSTENS) 3 NATIONALE PARKEN BEZOEKEN:

____

____

____

98.
☐ Een expert in iets worden. Waarin?

____

Elke expert was ooit een beginner.

99. ☐ EEN WILD DIER SPOTTEN,
IN HET WILD.

100. ☐ Een liedje schrijven voor iemand. Of nog beter:
☐ laat iemand een lied voor jou schrijven!

101. ☐ Minstens 7 seconden blijven zitten op een mechanische stier.

102.

☐ Iemand laten schrikken.

103. ☐ Douchen onder een waterval of gewoon ☐ in de regen.

104. ☐ Je naam (en die van je geliefde) in een boom krassen.

Retro romantiek!

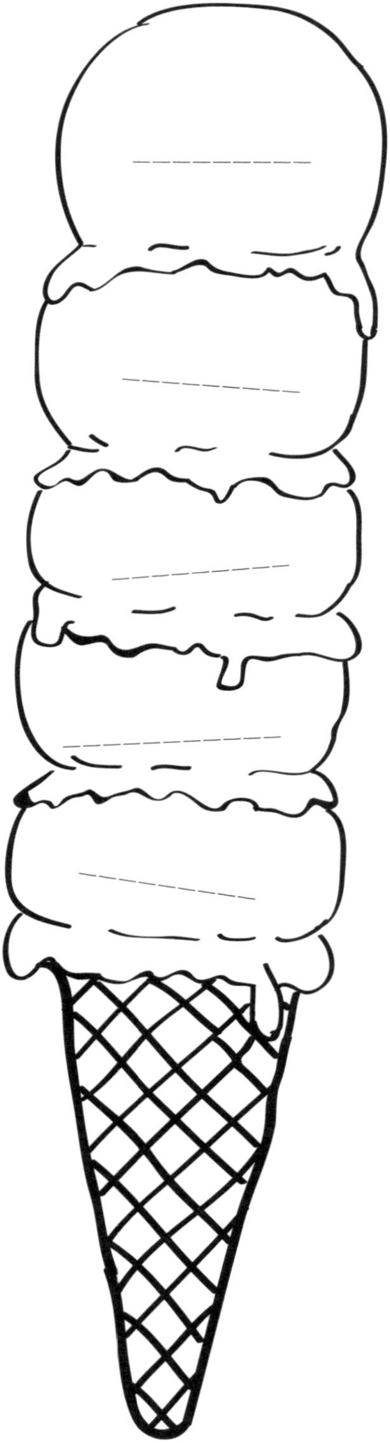

☐ Een ijsje met 5 (!) bollen bestellen bij de ijscokar.
Wat zijn je 5 favoriete smaken?

105.

106.

☐ Cupido spelen en twee mensen samen brengen.

Wie?

________________ & ________________

Heeft hun relatie standgehouden? Ja/Nee

107.

☐ Een EHBO-cursus volgen of op zijn minst ☐ een EHBO-doos samenstellen voor in huis.

safety first!

108.

♡ Verliefd zijn.

109.

☐ Een nieuwe taal leren. Welke?

____

Vertaal deze zin: Mijn naam is blablabla* en ik ben een lief klein konijn met een vliegje op mijn neus.

* hier moet je natuurlijk je naam invullen.

110.

☐ Minstens 1 liedje leren spelen op een instrument.

Feel funky, feel good. You've got the music in yoooouu!

111.

- [ ] Zwemmen in elke oceaan. Blub blub, plons!
    - [ ] Noordelijke Grote of Stille Oceaan
    - [ ] Zuidelijke Grote of Stille Oceaan
    - [ ] Noordelijke Atlantische Oceaan
    - [ ] Zuidelijke Atlantische Oceaan
    - [ ] Indische Oceaan
    - [ ] Zuidelijke Oceaan
    - [ ] Noordelijke IJszee

112.

☐ Diepzeeduiken of ☐ snorkelen als je liever niet onder de zeespiegel gaat.

113.

☐ Een aardbeving meemaken.

114.

☐ Eerste klas reizen.

115.

☐ Professionele
☐ naaktfoto's van jezelf laten maken.

#abucketlistlife -> als je durft!

116.

☐ De tango dansen
☐ in Buenos Aires.

117.

☐ Je toekomst laten voorspellen. Wat heeft de waarzegger/waarzegster verteld?

Denk je dat het echt zo zal gaan? Ja/nee.

118. ■ Je digitale foto's laten afdrukken voordat je computer beslist er de brui aan te geven.

Thank me later.

119. Een regenboog ■ zien of
■ er een maken.

120. ■ 24 uur een blinddoek dragen. (Niet vals spelen!)

(Kleef hier een foto)

121. ☐ Twee verschillende sokken dragen.

Als je dat al niet dagelijks doet.

122. ☐ Een testament opmaken. Wat moet er met je postzegelverzameling gebeuren als jij er niet meer bent?

Dit is het testament van__________ opgemaakt op .../.../20.... te ____________

123. ☐ Een parkeerboete schrijven. Want soms is geven belangrijker dan nemen!

Datum
/ /

Nummerplaat

Landcode

Dit is geen parkeerboete. Enkel en alleen omdat ik niet geautoriseerd ben om parkeerboetes uit te schrijven.
Want als het zou kunnen, gaf ik er u 2!

U kan wellicht niet goed meer zien of u bent een superheld die plots weg moest voor een levensreddende missie.
Ik ben ervan overtuigd dat u niet op deze manier parkeert uit egoisme, domheid of onkunde. Waarschijnlijk ben ik gewoon niet op de hoogte dat het parkeer-als-een-idioot-dag is!

Ik wens je nog een fijne dag verder, maar ik zou morgen toch de bus nemen!

Met vriendelijke groet,
Een mede-weggebruiker

WWW.ABUCKETLISTLIFE.COM

124. ☐ Een stropdas leren knopen.

125. ☐ Een lifter meenemen.

126. ☐ Een vlot bouwen ☐ en er minstens 100 m mee varen.

127.

☐ Op tafel dansen.

Als de kat van huis is.

128.

☐ Verstoppertje spelen in een openbare ruimte.

Waar?______________

Met hoeveel personen waren jullie?

- ☐ > 7 Dat kan beter, probeer het nog eens.
- ☐ 7 – 15 Goed zo, trommel nog wat extra vrienden op, dan wordt het pas écht leuk!
- ☐ 15 – 30 Leuk hé?
- ☐ 30+ Fantastisch!
- ☐ 100+ Wauw, je bent een trooper!

129.

Naar de wolken kijken en figuren spotten.

130.

☐ Geld werpen in een geluksfontein.
Je mag nu een wens doen!

131.

☐ Alleen op vakantie gaan.

Durf je het aan? Waarheen?

____

The world is a book, and those who do not travel read only one page.

132.

☐ Een diploma halen. Of 2, of 3!

There is no such thing as being overeducated!

133.

☐ Saint Patrick's Day vieren ☐ in Ierland.

134.

☐ De luier van een baby vervangen.

135. ☐ MET JE DROOMAUTO RIJDEN. (OOK AL IS HET MAAR EEN TESTRIT.)

136. ☐ DRUIVEN STAMPEN MET JE BLOTE VOETEN.

137. ☐ Drijven in de Dode Zee.

Hoelang bleef je drijven? ____u____min____sec

138. ☐ JE BUREN LEREN KENNEN. WANT HOE GAAT DAT SPREEKWOORD OVER GOEDE BUREN EN VERRE VRIENDEN NU WEER?

139. ☐ Naar de opera gaan. Wat heb je gezien?

____

Kleef hier je operaticket!

140. ☐ Een marathon lopen.

Run, Forest, run!

141.

☐ Een boek lezen van Shakespeare. Welk verhaal heb je gelezen?

____

142.

☐ Een professionele massage krijgen.

Geniet ervan!

143.

☐ Een insect eten. Welk insect was het?

____

144.

☐ Een actieve ☐ vulkaan bezoeken. Welke?

____

145.

☐ Toeristje spelen in eigen stad ☐ en een kaartje naar iemand sturen.

146.

☐ leren jongleren met drie ballen.

147.

☐ Een brief schrijven aan 5 mensen die je leven positief beïnvloed hebben.

1. ____________________
2. ____________________
3. ____________________
4. ____________________
5. ____________________

148. ☐ Dronken zijn.

149. ☐ Je inzetten voor een goed doel. Welk goede doel en wat doe je ervoor?

____

____

____

____

____

____

____

150. ☐ Met een helikopter (mee)vliegen.

☐ Naaktzwemmen. Heeft iemand je gezien? Ja/nee.

151.

there are
SEVEN DAYS
IN A WEEK &
SOMEDAY
ISN'T ONE OF THEM

152. ☐ Een gedicht schrijven.

Laat de poëet in jezelf los!

153. ☐ Rechtstreeks onder de tap gaan hangen in een café. Santé!

154. ☐ Een trouwfeest bijwonen. Van wie?

________________ & ________________

155. ☐ Een museum bezoeken en echt geïnteresseerd zijn. Welk museum heb je bezocht?

____

☐ Met een boot varen. 156.

157.

☐ Contact zoeken met een vriend(in) die je al jaren niet meer gezien hebt ☐ en samen iets gaan drinken. Wie is het?

____

158.

☐ Een maand geen vlees eten.

159.

☐ Een tafel in een restaurant reserveren onder een gekke naam zoals Meneer Britney Spears of Mevrouw Istaar Lekker.

Je moet wel komen opdagen uiteraard!

Onder welke naam heb je gereserveerd?

____

☐ Helium inhaleren.

160.

161. ☐ Alles opschrijven waar je spijt van hebt en het daarna voorgoed vergeten door dit papier te verbranden. (Niet het hele boek!)

Better an oops,
than a what if!

BURN BABY BURN

162. ☐ MINSTENS EEN MAAND LANG GEEN PLASTIC ZAK BIJ DE SUPERMARKT VRAGEN.

163. ☐ TOMATEN GOOIEN TIJDENS LA TOMATINA IN SPANJE ☐ OF JE EIGEN MINIVERSIE ORGANISEREN MET VRIENDEN.

164. ☐ VIAGRA TESTEN ☐ OF DE VROUWELIJKE LIBIDOPIL. (OP DE MARKT VANAF 2016!)

165. ☐ EEN PANNENKOEK IN DE LUCHT GOOIEN ☐ EN WEER OPVANGEN.

166. ☐ Een IQ-test afleggen.

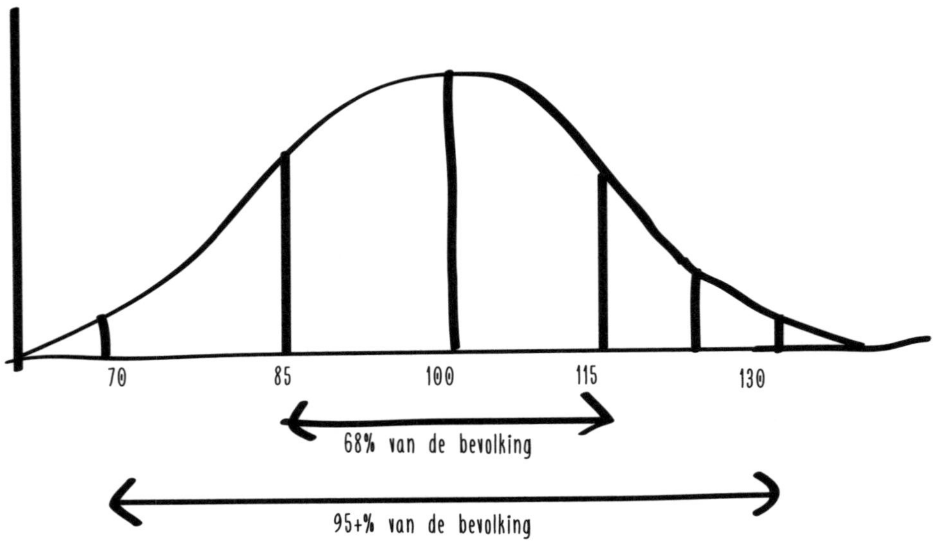

Kleur het stuk op de diagram waarin jij je bevindt!

167.

☐ Een dag met iemand van leven ruilen.

Met wie? ____________________

Wat heb je allemaal gedaan?

168.

☐

Blij zijn met wie je bent en hoe je eruitziet.

169. ☐ 24 uur zwijgen. Sssssssssssssssssh!

Je mag wel notities maken.

170. ☐ Met een (nutteloze) verzameling beginnen en pas stoppen als je 100 items hebt (denk aan: wijn, postzegels, posters van Justin Bieber, slipjes/boxershorts van je minnaars/minnaressen,...)

Wat heb je verzameld?

____

171. ☐ Een diepgaand gesprek voeren met een willekeurige vreemde.

172. ☐ Een stap op de maan zetten.

173. ☐ OP IEMANDS SCHOUDERS ZITTEN TIJDENS EEN CONCERT VAN ______________________

174. ☐ NAAR DE SAUNA GAAN.
PUF PUF!

175.
☐ zwemmen in de regen.

176. ☐ In een JACUZZI (buiten) zitten terwijl het sneeuwt.

177. ☐ Een musical zien (live).

178. ☐ Rond een kampvuur zitten en ☐ marshmallows roosteren.

179. ☐ Een petitie tegen/voor ______________________________ tekenen.

180. ☐ Op vrijdag de dertiende onder een ladder door lopen ☐ en een zwarte kat zien. O-oh!

181. ☐ Een Mentos in een glas cola leggen.

182. ☐ Een familiestamboom maken.

183. ☐ Een pak maandverband (XL) in iemands winkelkar leggen ☐ en zijn/haar reactie filmen.
Ben je betrapt? Ja/nee

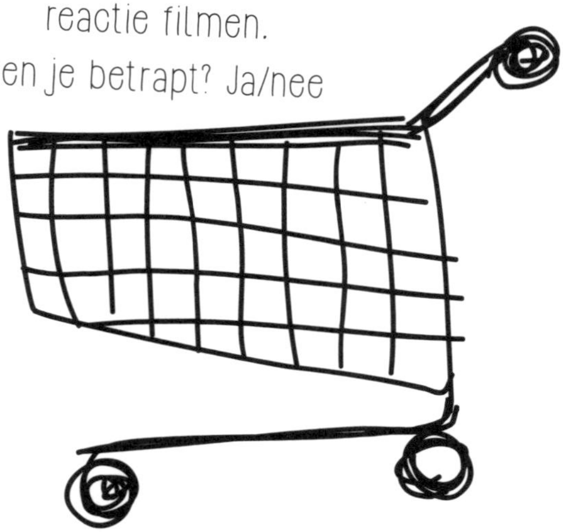

184.

☐ Monopoly spelen met echt geld.

185. ☐ Bowlen en ☐ een strike gooien.

186.

☐ Helpen iemands wens laten uitkomen.

Van wie? ____________________

En wat wenste hij/zij?

____

____

____

____

187. ☐ Ontbijt op bed krijgen.

Maar wat met die verdomde kruimels?

188. ■ Lid worden van de Mile High Club.

189. ■ Een video maken van een typische dag uit jouw leven en die pas weer over 10 jaar bekijken.

190. ■ Een sneeuwvlokje op je tong laten landen.

191. ■ Ontslag nemen.
Opgelet: doe dit enkel als je je werk niet graag doet!

192. ☐ leren fluiten. Fwiet fwiet!

193.

☐ Iets uitvinden (een spel, een recept, een app of misschien zie jij het zelfs groter. Wees ambitieus!).
Wat heb je uitgevonden?

____

____

____

____

194.

☐ Iemand anders motiveren om een bucketlist op te stellen.
Nog beter: ☐ iemand overtuigen om dit boek te kopen.

*wink*wink*

195. ☐ Een witte kerst meemaken. Let it snow, let it snow, let it snow!

196. ☐ Uitgebreid picknicken.
(Dus niet gewoon een broodje eten in een park.)

☐ Dineren bij kaarslicht. Oh-la-la romantica! **197.**

198. ☐ Een bijnaam krijgen ☐ of jezelf er eentje toe-eigenen
(maar dat is misschien een beetje zielig?).
Wat is je bijnaam? ______________________

☐ Met een decibelmeter testen hoe luid je kan roepen. **199.**
En, hoe hard was het? _____DB
Luid genoeg voor het Guiness Book of World Records?
(zie nr. 51)

200. ☐ Zorgen dat je in de krant komt te staan.

(Kleef hier het artikel!)

201. ☐ In een restaurant eerst een dessert, daarna een hoofdgerecht en dan pas het voorgerecht bestellen. Gewoon, omdat het kan!

202. ☐ Iemand kussen aan de voet van de Eiffeltoren.

Wie? ______________________________

203. ☐ Huilen tijdens het zien van een film of bij het lezen van een boek.

204. ☐ Naar het toilet gaan op een festivalweide.

Doen we dat niet allemaal graag?

205.

☐ naar de luchthaven gaan zonder je bestemming te weten. Waar ben je naartoe gegaan?

____

je kan jezelf verrassen dankzij srprs.me of eens heel lief lachen naar je lief/beste vriend(in).

206.

☐ Een week geen tv kijken. Wat deed je dan 's avonds?

____

____

____

____

____

____

____

____

207.

☐ **Valentijn vieren.**

208. ☐ Gaan kamperen of ☐ glamperen.

209. ☐ Een hele dag niet in de spiegel kijken. (Ook niet stiekem. Plak de avond ervoor alle spiegels af!)

210. ☐ Op dubbeldate gaan. Dan is de liefde 2x zo mooi!

211. ☐ De weg kwijtraken in een vreemd land.

212. ☐ Met een tequilaverhaal komen:

(Because everyone has a tequila story!)

213. ☐ Iemand mee uit vragen.

214. ☐ Je laten hypnotiseren en ☐ vaststellen dat het bij jou niet werkte!

215. ☐ Iemand iets vergeven wat hij/zij heeft gedaan.

216. ☐ Een parel in een oester vinden.

217. ☐ Vallen in het openbaar. Face first!

218. ☐ Iets op iemands gezicht tekenen terwijl hij/zij slaapt.

Een klassieker!

219. ☐ Eendjes voeren in een park.

220. ☐ De inbox van je mail opruimen en alle nieuwsbrieven afmelden die je toch niet leest.

221. ☐ Een baard maken met badschuim.

222.

☐ 'Het' in het openbaar doen ☐ en niet betrapt worden.

Viespeuk!

223.

☐ Al je sproeten en moedervlekjes tellen.
Het zijn er ________

224.

☐ Een serenade zingen onder een balkon.

225.

☐ Je 50ste verjaardag vieren.
Hip Hip HOERA!

226.

☐ Een sneeuwman maken.

227.

☐ Een bot breken.
Was het ☐ een been, ☐ een arm, ☐ je schouder of ☐ iets anders:

____

228. ☐ Een schoen verliezen op een bal.

229. ☐ Een taxi laten stoppen in New York.

230. ☐ Op kroegentocht gaan.

Veel plezier!

231. ☐ Een tattoo laten zetten (of niet).

232.

☐ EEN HELE NACHT DANSEN TOT DE ZON WEER OPKOMT.

233. ☐ Op een trampoline springen. Hoger, hoger hoger!

234. ☐ MET EEN KANO OF KAJAK VAREN.

235.

☐ Een casino bezoeken in Las Vegas.

236.

☐ En als je daar dan toch bent, kan je net zo goed ook trouwen in de Little White Chapel.

237.

☐ Zeg het eens met bloemen.

Tegen wie? _______________

Wat wil je zeggen?

____

____

____

238. ☐ LAAT EEN STRAATARTIEST HIER EEN KARIKATUUR VAN JOU TEKENEN!

239.

☐ Ontdekken wat je oprecht gelukkig maakt:

____

____

____

____

____

____

____

____

____

240.

☐ Eten in een sterrenrestaurant. Welk restaurant? ____________________
Kleur het aantal sterren.

☆ ☆ ☆

241. ☐ Een piramide bezoeken.

242. ☐ Leren zwemmen. (Anders verdrink je!)

243. ☐ Stoppen met roken of beter:
☐ nooit beginnen roken.

244. ☐ Een Japanse theeceremonie bijwonen ☐ in Japan.

245. ☐ Liefdesverdriet hebben.

Het lijkt het einde van de wereld, maar vergeet niet: ook hieraan komt een eind. Binnenkort weet je écht niet meer wat je ooit in hem/haar hebt gezien, beloofd!

246. ☐ Jezelf met tape tegen een muur laten plakken.

Doe eens iets geks!

247. ☐ Oog in oog staan met De Mona Lisa.

248. ☐ OVERNACHTEN IN EEN IJSHOTEL. ICE ICE BABY!

249. ☐ EEN RUBIKS KUBUS OPLOSSEN.

250. ☐ Stonehenge bezoeken ☐ en proberen een steen om te duwen.

251. ☐ Naar een voorstelling gaan van het Cirque du Soleil.

252.

☐ Zwemmen met dolfijnen. (Te cliché voor jou? Probeer dan ☐ haaien of ☐ schildpadden.)

253.

☐ Kerstmis vieren op het strand.

Draagt de kerstman dan een zwemshort of een zwemslip? -> Stof (of weinig stof) tot nadenken!

254.

☐ Een wereldreis maken.

255.

☐ De evenaar

oversteken.

10... 9... 8... 7... 6... 5... 4... 3... 2... 1!

256.

☐ Wedden op het juiste paard bij een paardenrace.

257.

☐ Ervoor zorgen dat de toren van Pisa niet omver valt. (Je kent ze wel, de typische toeristen-foto's!)

258.

☐ Oud op nieuw in een ander land doorbrengen.

Waar? ______________________

259.

☐ Een speech geven ☐ op een trouwfeest.
Wat heb je allemaal gezegd?

____

____

____

____

____

____

____

____

____

____

____

260.

☐ Op cruisevakantie gaan.
(daarom dat je moet leren zwemmen, zie nummertje 212)

261.

☐ Op safari gaan in Afrika.

262.

☐ Carnaval vieren in Rio de Janeiro. Tadatadatadatada, Brazil!

263.

☐ Een film bekijken in de openlucht. Of nog beter:
☐ naar een drive-in bioscoop gaan.

264.

☐ Bier drinken op het Oktoberfest in München.

265. ☐ Een trip maken in een luchtballon.

Niets naar beneden gooien alsjeblieft!

(Kleef hier een foto van het adembenemende zicht)

266.

☐ Bellen vanuit een ☐ Londense telefooncel.

LONDON CALLING

267.

☐ Iemand verliezen die je graag ziet.

Dit is niet het leukste op deze lijst, maar het hoort helaas bij het leven! Veel sterkte!

268.

☐ Met een motor rijden of achterop zitten.

269.

☐ Dorst krijgen in een woestijn
☐ maar gelukkig wel drinken op zak hebben.

Lucky you!

270.

☐ Het noorderlicht zien.

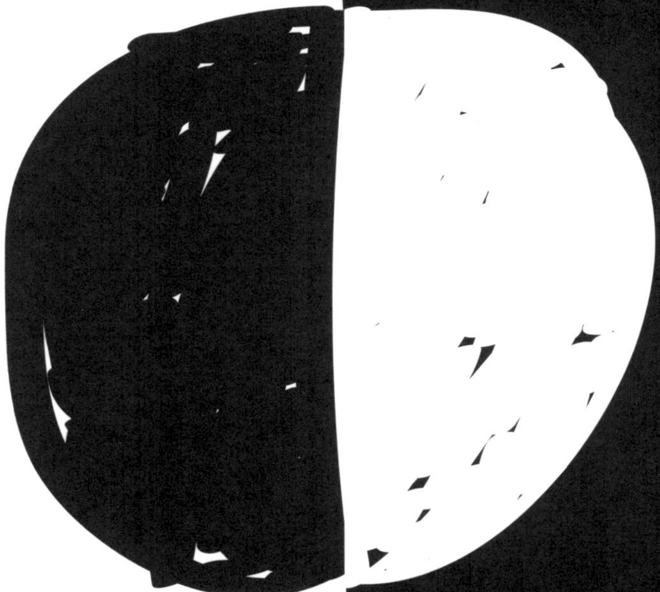

271.

☐ EEN ZONSVERDUISTERING MEEMAKEN.

272.

☐ EEN MAANSVERDUISTERING MEEMAKEN.

273. ☐ Een lijst maken van alle mensen van wie je houdt en het hen vertellen. (Niet dat je een lijst hebt gemaakt, maar dat je van hen houdt!)

____

____

____

____

____

____

____

____

____

____

____

____

274. ☐ Op de Skywalk van de Grand Canyon staan.

275.

☐ luisteren naar complete stilte. Ssssssssh!

276.

☐ Een plant een jaar in leven houden.

Water geven!

277.

☐ Een brood bakken en van de geur van versgebakken brood genieten.

278.

☐ Afdingen op een markt. Laat je niet doen!

279.

- ☐ Gestoken worden door een kwal.
  - ☐ Het is pijnlijker dan een operatie zonder verdoving.
  - ☐ Ik ben stoer (of doe tenminste alsof) en voelde er niets van.

280.

☐ Het boek lezen voordat de film uitkomt. Wat was beter? Het boek/de film.

281.

- ☐ Aandelen kopen. Zijn ze iets waard?
  - ☐ Ik zou er een brood van kunnen kopen. (Hopelijk kan er nog een potje choco bij!)
  - ☐ Het heeft me een mooie vakantie opgeleverd.
  - ☐ Ik kan rentenieren.

Gelukzak!

282.

☐ Zwemmen in een natuurlijke warmwaterbron.
Waar?_____________________

283.

☐ Een 3D-film bekijken ☐ zonder hoofdpijn te krijgen.

284.

☐ Een verrassingsfeest krijgen.

☐ Ik was oprecht verrast

☐ Ik deed alsof, want iemand is net iets te loslippig geweest.

285.

☐ Je verborgen talent ontdekken.
En dat is:

____

____

286.

☐ In een kasteel slapen.
Je bent een echte koning(in).

287. EEN KERSTBOOM VERSIEREN.

288. ☐ LID WORDEN VAN EEN TEAM OF CLUB.

De Bucketlist-club misschien? Join us #abucketlistlife

289. ☐ WALLY VINDEN!

290. ☐ EEN BANAAN VERZENDEN MET DE POST.

ZONDER VERPAKKING NATUURLIJK!
LET'S GO BANANAS!

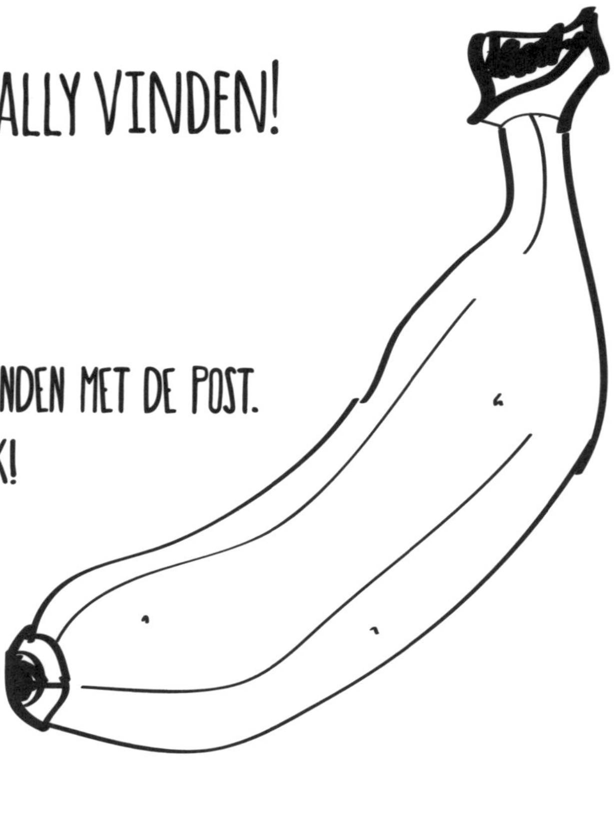

291. ☐ JE AUTO EEN NAAM GEVEN:

____

VIND JE DIT LEUK? GEEF DAN OOK JE MEUBELS EEN NAAM. OF IS DAT NET EEN STAP TE VER?

292. ☐ EEN VIS VANGEN.

293. ☐ EEN MAAND LANG GEEN VOEDSEL WEGGOOIEN. RESTJESDAG EUHM, RESTJESMAAND!

294. ☐ IN EEN IGLO STAAN.

295. ☐ Een been in je nek leggen!
(Tip: lukt het echt niet met je eigen been?
Doe het dan met dat van iemand anders.)

296. ☐ Een begrafenis bijwonen.

297. ☐ Overnachten in een ziekenhuis.

298.

☐ Doen alsof je steenrijk bent in Monaco of Saint-Tropez.
Vraag aan wat vrienden of ze je bodyguard willen zijn,
want je hebt bescherming nodig!

299.

☐ Op tv komen.

Ben je klaar voor jouw 15 minutes of fame?

300. ☐ Een stripclub bezoeken.

301.

☐ Staand plassen.

302.

☐ Iets op de muren van een openbaar toilet schrijven.

303.

☐ Korte briefjes achterlaten in bibliotheekboeken voor de lezer na jou.

Want wie wordt daar niet blij van?

304.

☐ Een dagboek bijhouden ☐ over alles wat je kan afvinken op je bucketlist.

305. ☐ Hou een maand lang al je uitgaven bij. Alles! Kan je ergens op besparen?

€ ______________________________
€ ______________________________
€ ______________________________
€ ______________________________
€ ______________________________
€ ______________________________
€ ______________________________
€ ______________________________
€ ______________________________
€ ______________________________
€ ______________________________
€ ______________________________
€ ______________________________
€ ______________________________
€ ______________________________
€ ______________________________
€ ______________________________
€ ______________________________
€ ______________________________
€ ______________________________
€ ______________________________
€ ______________________________
€ ______________________________
€ ______________________________
€ ______________________________
€ ______________________________
€ ______________________________
€ ______________________________
€ ______________________________
€ ______________________________
€ ______________________________

€ ______________________________
€ ______________________________
€ ______________________________
€ ______________________________
€ ______________________________
€ ______________________________
€ ______________________________
€ ______________________________
€ ______________________________
€ ______________________________
€ ______________________________
€ ______________________________
€ ______________________________
€ ______________________________
€ ______________________________
€ ______________________________
€ ______________________________
€ ______________________________
€ ______________________________
€ ______________________________
€ ______________________________
€ ______________________________
€ ______________________________
€ ______________________________
€ ______________________________
€ ______________________________
€ ______________________________
€ ______________________________
€ ______________________________

TOTAAL: € ______________________

306.

☐ Getuige zijn bij een huwelijk.

307.

☐ Gevraagd worden als meter/peter van een baby.

Wat is de naam van het kleine schatje?

____

308.

☐ Een medaille winnen met

____

Je bent vast écht goed!

309.

☐ Een boomerang gooien ☐ en weer opvangen.

310. ☐ HET MONSTER VAN LOCH NESS ZIEN OF ☐ DE YETI ONTMOETEN.

311. ☐ EEN WEEK LANG GÉÉN GELD UITGEVEN. MONEY CAN'T BUY HAPPINESS!

Al helpt het soms wel!

312. ☐ VAN EEN HEUVEL ROLLEN.

313. ☐ EEN JETLAG HEBBEN.

Een jetlag is vervelend, maar het betekent wel dat je de andere kant van de wereld hebt gezien, yay!

314. ☐ Iemand iets leren. Wat en aan wie? ____________________

____

315. ☐ Blindelings een plaats aanwijzen op een kaart en daarheen reizen.

Gebruik de kaart op p. 132!

316. ☐ In twee landen tegelijk zijn. Welke landen?

______________ en ______________

317. ☐ Een week lang enkel de waarheid zeggen.

Onderschat dit niet! Als je vriendin je vraagt of ze dik lijkt in die broek moet je eerlijk antwoorden...

318. ☐ Meeliften met een auto en pas uitstappen wanneer de bestuurder op zijn bestemming is. Waar kwam je terecht?

____

319. ☐ 10 dingen eten die je nog nooit eerder at.

- ________________________________
- ________________________________
- ________________________________
- ________________________________
- ________________________________
- ________________________________
- ________________________________
- ________________________________
- ________________________________
- ________________________________

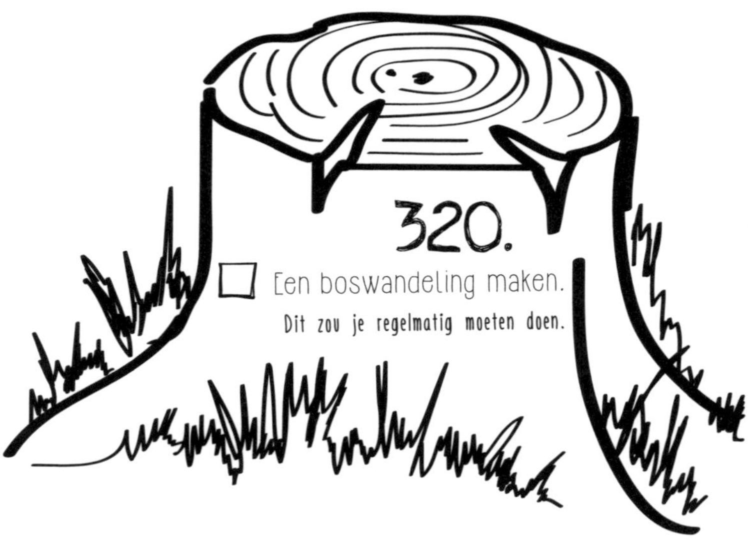

320.

☐ Een boswandeling maken.

Dit zou je regelmatig moeten doen.

321.

☐ Ontdekken waar je roots liggen (via je familiestamboom) en al deze landen bezoeken.

Zie opdracht 182

322.

☐ Een tarantula vasthouden. (Als je al begint te trillen bij het lezen van deze zin wil ik je veel sterkte wensen.)

323.

☐ Naar een psycholoog gaan en je hele levensverhaal doen. Zonder de dingen te verbloemen!

324.

☐ langs de Chinese Muur wandelen.

325.

☐ Deel uitmaken van het publiek bij een tv-programma (en lachen op commando).

326.

☐ Pensioensparen!

327.

☐ Een cursus volgen. Wat denk je van danslessen, een cursus fotografie of Thaise kooklessen?

328. ☐ 25 verschillende vervoermiddelen proberen.

- ______________________________
- ______________________________
- ______________________________
- ______________________________
- ______________________________
- ______________________________
- ______________________________
- ______________________________
- ______________________________
- ______________________________
- ______________________________
- ______________________________
- ______________________________
- ______________________________
- ______________________________
- ______________________________
- ______________________________
- ______________________________
- ______________________________
- ______________________________
- ______________________________
- ______________________________
- ______________________________
- ______________________________
- ______________________________

329.

☐ Boven de wolken vliegen.

Feeling high?

330. ☐ Een baby geboren zien worden.

331. Van een hoge ☐ water- ☐ glijbaan glijden.

332. ☐ Een jaar lang 2x per week sporten. Sweat baby, sweat!

Remember: sweat is fat crying.

333.

☐ Iemand je excuses aanbieden.

Waarom?

____

334.

☐ Een willekeurig nummer bellen en Happy Birthday zingen.

Happy birthday to you
Happy birthday to you
Happy birthday, dear stranger
Happy birthday to you.

335.

☐ Een kunstwerk maken.

Kunst is relatief, gelukkig.

336.

☐ Je niets (of in ieder geval minder) aantrekken van wat anderen over je denken.

You are perfect!

337. ☐ Een grote bel blazen met kauwgom.

Kleef hier een foto van het resultaat!
(Dat mag met de kauwgum. Ieuw!)

338. ☐ EEN ZANDKASTEEL BOUWEN.

339. ☐ EEN COCKTAIL DRINKEN ONDER EEN PALMBOOM.

340. ☐

GEESTEN OPROEPEN.

Wees voorzichtig, ze zouden zomaar eens echt kunnen komen spoken!

341. ☐ EEN VLINDER VANGEN.

342.

☐ Disneyland of ☐ Disneyworld bezoeken. It's a whole new world!

343.

☐ Een klachtenbrief schrijven en ☐ hopen op een gratis product.

344.

☐ Alleen op restaurant gaan! Table for 1 please.

345.

☐ Bungeejumpen.

346.

☐ Op een springkasteel springen. Want soms is er niets leuker dan gewoon even een kind te zijn.

347.

☐ In je pyjama naar de bioscoop gaan. Gewoon, zonder reden!

348.

☐ Een brainfreeze krijgen tijdens het eten van een ijsje.

Waarschijnlijk door het ijsje met 5 bollen van Nr 105

349.

☐ Een lokale feestdag vieren in een ander land. *celebrate*

350.

☐ Chinees Nieuwjaar vieren en al je vrienden een nieuwjaarskaart sturen.

351.

☐ Je 50-jarige huwelijksfeest vieren.

Proficiat, dat moet échte liefde zijn!

352.

☐ laat iemand je een verhaal voorlezen voordat je gaat slapen.

Nee hoor, niet alleen kinderen vinden dat leuk!

353.

☐ De voicemail van je gsm instellen. Niets is zo onpersoonlijk als "dit is de voice mail van" en dan een resem cijfers.

go outside
AND DO SOMETHING
YOU WILL
REMEMBER

354.

☐ De kapper carte blanche geven. Durf je dit aan?

355.

☐ Een rondje geven in een café!

356.

☐ Solliciteren naar een baan waarvoor je niet de juiste kwalificaties hebt.

Onder het motto: wie niet waagt, niet wint!

357.

☐ Een oesjanka dragen in Rusland.

Google is je beste vriend.

358.

☐ Ten huwelijk gevraagd worden of ☐ iemand ten huwelijk vragen.

359. ☐ Bedelen tot je € 5 hebt.

360. ☐ De Taj Mahal in India bezoeken.

361. ☐ Een vlieg vangen en hem buiten vrijlaten.

362. ☐ Alle films bekijken die een Oscar hebben gewonnen in de categorie 'Best Picture'. En natuurlijk zelf popcorn maken;-)

363. ☐

EEN VOLLEDIG SEIZOEN VAN EEN SERIE IN ÉÉN KEER BEKIJKEN.

VERSLAAFD? JIJ? NEE, TOCH?

364. ☐ Naar een gemaskerd bal gaan

☐ en daar prince charming/Assepoester ontmoeten.

365. ☐ Foto's maken in een fotohokje.

Kleef de foto's hier!

366. ☐ ÉÉN DAG (OF MEER) NAAR IEDEREEN LACHEN DIE JE TEGENKOMT OP STRAAT.

Je zal ervan versteld staan hoe gek mensen dat vinden.
Wat dan eigenlijk weer jammer is!

367. ☐ NAAR EEN NUDISTENSTRAND GAAN.

368. ☐ DAKLOOS ZIJN VOOR EEN NACHT.

369. ☐ EEN GROOT SPORTEVENEMENT BIJWONEN.

370. ☐ EEN EURO OP DE GROND LIJMEN
EN KIJKEN HOEVEEL MENSEN HEM PROBEREN OP TE RAPEN.

Klassiekers raken nooit uit de mode!

371.

☐ Paintballen of een verfgevecht houden, als je maar goed vuil wordt.

372.

☐ Een boeddhistisch klooster in Tibet bezoeken.

373.

☐ Op een 'dauwtrip' gaan voor 6 uur 's ochtends.

Het zal je verbazen hoe mooi de ochtend kan zijn!

374.

☐ Een strandwandeling maken ☐ op een zwart strand.

375. ☐ Een echte cowboy ontmoeten.

376. ☐ Vragen of hij je wil leren een lasso te gooien. Jihaaaa!

377. ☐ Een rups in een vlinder zien veranderen.

378. ☐ Een oude vrouw helpen de straat over te steken.

GOOD KARMA!

379. ☐ Over een rode loper lopen.

There is still so
much to see...

380. ☐ ALLE PLAATSEN WAAR JE AL GEWEEST BENT AANGEVEN OP DE KAART.

381. ☐ Een lokale delicatesse eten in Zuid-Afrika.
Wat heb je gegeten? ____________________

Ben je wel zeker dat het dat was?

382. ☐ Wandelen over een gletsjer.

383. ☐ Iemand volgen en proberen zijn/haar bewegingen exact te kopiëren.

384.

☐ Een trektocht maken door het Amazonegebied.

385. ☐ Een slechte gewoonte afleren:

____

386. ☐ En nog één: ____________________________________

387.

☐ 10 bezienswaardigheden van de Unesco Werelderfgoedlijst bezoeken.

- ☐ ___________________
- ☐ ___________________
- ☐ ___________________
- ☐ ___________________
- ☐ ___________________
- ☐ ___________________
- ☐ ___________________
- ☐ ___________________
- ☐ ___________________
- ☐ ___________________

388.

☐ Bliksem zien
en ☐ donder horen.

389.

☐ Elke maand een foto van je kinderen maken, 18 jaar lang.

Ze worden zo snel groot!

390.

☐ Een woord vinden dat rijmt op wulps:

____

Laat je het me zeker weten als je er één gevonden hebt? #abucketlistlife

391.

☐ Meerijden in een Amerikaanse schoolbus.

392.

☐ Een bizarre roddel verspreiden op een feestje om te testen hoe snel iets rond gaat, maar ☐ niet vergeten te zeggen dat het een roddel was.

393.

☐ Het Incapad op de Machu Picchu in Peru bewandelen.

394.

☐ Een driedaagse detoxkuur volhouden.

395. ☐ Je professioneel laten scheren door een barbier of ☐ een bikiniwax laten doen.

396.

☐ Schaatsen op een bevroren meer.

Als je door een wakke plek valt, mag je nr. 78 ook meteen aanvinken.

397.

☐ 24 uur wakker blijven.
Is dat te gemakkelijk?
☐ Blijf dan 48 uur wakker. Geeuw!

398.

☐ Aan de linker- ☐ en rechterkant van Christus de Verlosser staan in Brazilië.

399.

☐ Sushi eten ☐ in Japan.

400.

☐ Een boek kopen en laten signeren door de auteur. (Dit boek misschien?)

Ik heb mijn handtekening al geoefend.

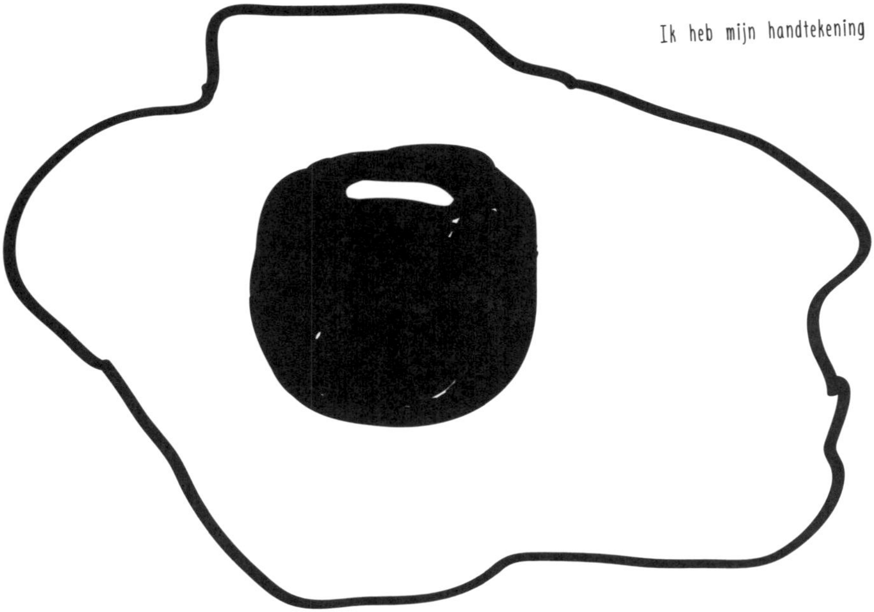

401.

☐ Een ei bakken op de motorkap van een auto.

402.

☐ Aanwezig zijn op een groot festival in het buitenland.

403.

☐ Slapen in de Transsiberië Express.

Ik bedoel: proberen te slapen.

404. ☐ GOUD ZOEKEN ☐ EN VINDEN.

405. ☐ Iemand je liefde verklaren.

406. EEN ☐ WATER ☐ PRETPARK BEZOEKEN.

407. ☐ TWISTER SPELEN.

408. ☐ IETS RECHTSTREEKS VAN DE BOOM/STRUIK ETEN.

409. ☐ Een dakloze een kerstcadeau geven.

410. ☐ ELKE GANG VAN EEN ZEVENGANGENDINER IN EEN ANDER RESTAURANT NEMEN ☐ OF BIJ ANDERE VRIENDEN.

411. ☐ EEN VRIEND UIT DE NOOD HELPEN.

412.

☐ Je laten begraven in zand.
(Je hoofd mag boven het zand blijven!)

413.

☐ Zwaaien naar het Vrijheidsbeeld in New York.

414.

☐ Een onbekend gerecht bestellen bij een eetstalletje in Bangkok.

415.

☐ Een nieuwe familietraditie beginnen.
Wat denk je van awards uitdelen voor de beste zus, liefste mama, grappigste neef?

Wie zal volgend jaar de award winnen?

416.

☐ Iets aanleren dat niemand van je zou verwachten en iedereen spontaan verrassen tijdens een willekeurige gelegenheid.
(Tip: een backflip, Russisch, achterstevoren praten,...)
Wat is je geheime wapen?

____

417. ☐ Bovenop het hoogste gebouw ter wereld staan, de Burj Khalifa in Dubai.

418.

☐ 'Dank u' leren zeggen in de taal van alle landen waar je geweest bent.

Want beleefd zijn is altijd stijlvol!

419. ☐ Een tornado spotten in Texas.

420. ☐ Uit een taart springen op een feest.

421.

☐ Een belangrijke beslissing nemen door een muntstuk op te gooien. Kop of munt?

422.

☐ Een onbewoond eiland bezoeken en ☐ met je billen bloot melk drinken uit een kokosnoot. Wat zou je meenemen?

____

____

____

____

____

____

____

423.

☐ Een dier uit een asiel redden.

424.

☐ De Walk of Fame bezoeken. Of beter: ☐ een ster hebben op de Walk of Fame.

Hello Hollywood, are you ready for me?

425.

☐ Je stem uitbrengen op de juiste partij tijdens de verkiezingen.

Maar wat is de juiste?

426.

☐ Een walvis in het wild zien.

427.

☐ Op een beachparty dansen.

Zit er zand tussen je tenen?

428.

☐ Een wonder meemaken. Oh, vertel meer:

____

____

____

____

____

____

429. ■ Je stem op de radio horen!

430.

■ Een week lang
nergens over klagen
en al je negatieve gedachten
omzetten in positief denken!

431.

■ De ideale man/vrouw ontmoeten.

432.

■ Met pijl en boog in de roos schieten.

433. ☐ Een hele dag tegen alles

zeggen. Heb je dingen moeten doen die je liever niet deed? Vertel!

434.

☐ Iemand verrassen.

435.

☐ Een goocheltruc leren
☐ en mensen hiermee oprecht verbazen.

436.

☐ Vogelnestjessoep eten.

437.

Een lekke band vervangen van ☐ een auto ☐ een fiets.

Knap! Nu kan je weer verder rijden.

438.

☐ Op roadtrip gaan zonder bestemming.

439. ☐ Iemand van mening laten veranderen over een onderwerp na een gesprek met jou.

440. ☐ Je haar doneren aan een goed doel!

Dit is een moeilijke en je moet dit enkel doen als je het écht wil, maar de wetenschap dat je er een kankerpatiënt ontzettend blij mee maakt, maakt de keuze misschien iets gemakkelijker.

441. ☐ Je laten afzetten op een onbekende plaats en de weg naar huis terug zoeken.
Ps: je mag geen geld bij je hebben.
Wees creatief!

442. ☐ Naar een concert gaan van een zanger of band waarvan je nog nooit gehoord hebt.

Iedereen verdient een kans, toch?

Doing

IS WHAT MAKES A

DREAM

COME TRUE

443. ☐ DE NIAGARA WATERVALLEN BEZOEKEN.

Misschien kan je hier ook nr 103 aanvinken.

444. ☐ EEN BALLON OPLATEN MET EEN BOODSCHAP VOOR DE VINDER.

445.

☐ IEMAND KUSSEN ONDER EEN MARETAK.

446. ☐ LACHEN TOT JE ERVAN MOET HUILEN EN JE BUIKSPIEREN PIJN DOEN.

447. ☐ Een medische check-up laten doen.

448. ☐ Bloemen op een verwaarloosd graf leggen.

449. ☐ Iets van je leven maken.

450. ☐ Een sneeuwengel maken.

Als je niet weet hoe dat moet:
Ga op je rug in de sneeuw liggen en zwaai een aantal keer op en neer met je armen.

451.

☐ Genieten van een extreem luxueuze dag.

Yes, please!

452.

☐ Van een klif in het water springen.

453.

☐ (Eén zin in) doventaal leren.

454.

☐ In een hangmat slapen.

Luilekkeren!

455.

☐ Op (lift)vakantie gaan met slechts € 200 op zak.

456.

☐ Een suikerspin eten in een reuzenrad.

457.

☐ Een lijk zien.

Of misschien toch maar niet!

458.

☐ Iemand helpen die ernstig ziek is.

459.

☐ DE OORSPRONG LEREN KENNEN VAN ALLE FEESTDAGEN DIE WE VIEREN.

460.

☐ De lavendelvelden in de Provence ruiken.

461.

☐ 3 maanden (of meer) in het buitenland wonen!

462.

☐ 's Nachts in zee zwemmen.

463. ☐ Een familiefoto laten maken.

464.

☐ Iemand schaakmat zetten tijdens een schaakspel.

465.

☐ Uit een vliegtuig springen.

466.

☐ Fantaseren over wat je zou doen als je 5 miljard euro wint.

Echt! Je kan maar beter voorbereid zijn!

467.

☐ Een kruiswoordraadsel volledig invullen.

468.

☐ € 50 in je winterjas verstoppen zodra die wordt opgeborgen voor de zomer.

Altijd leuk om een half jaar laten €50 te vinden!

469.

☐ Met gesloten ogen een gerecht op de menukaart van een restaurant aanwijzen en die maaltijd bestellen.

470.

☐ Een week lang 20 welgemeende complimenten per dag uitdelen.

471.

☐ Met gestrekte benen je tenen aanraken.

472.

☐ Op hoge hakken lopen.

473.

☐ Leren met je linker hand te schrijven

(of met de rechter als je links bent.)

474.

☐ Je elke zonnige dag insmeren met zonnebrandcrème, ook in de winter.

475.

☐ Achter de schermen gaan kijken bij een brouwerij, een chocoladefabriek of iets dat je interesseert.

476.

☐ Surfen.
(Of een poging doen tot.)

477.

☐ Een maand lang géén alcohol drinken.

Als je dit moeilijk vindt, heb je een probleem!

478.

☐ 24u door het leven gaan als rolstoelgebruiker
☐ en je mateloos irriteren aan hobbels in de straten.

479.

☐ Een naamgenoot ontmoeten.
Voor- en achternaam! Behalve als je Shaniqua-Belle Delomoreo heet (of een andere onuitspreekbare naam hebt).

480.

☐ Acupunctuur uitproberen.

Ik hoop dat je niet bang bent van naalden!

481.

☐ Spaghetti eten zoals Lady en de Vagebond.
sluuuurp

482.

☐ Een brief schrijven naar een willekeurig adres en ☐ hopen dat ze je ook iets terugsturen.

Open een telefoonboek, wijs met je vinger naar een naam. Dit is jouw ontvanger! Vergeet geen postzegel te kleven.

483. ☐ Organiseer een groot feest en sta een hele dag in het middelpunt van de belangstelling! It's all about you!

484. ☐ Uitgenodigd worden op een première.

485. ☐ Vrijwilligerswerk doen!

486. ☐ Een beste vriend(in) hebben. Want echte vrienden maken je leuke momenten nog leuker en je moeilijke momenten gemakkelijker!

487.
☐ TULPEN KOPEN IN AMSTERDAM.

~~wish~~ do

488. ☐ SLAPEN OP HET STRAND!

489. EEN BEER ☐ KRIJGEN OF ☐ GEVEN OP EEN KERMIS.

490. ☐ RUZIE MAKEN ☐ EN HET WEER GOED MAKEN.

491. ☐ Schrijf hier met veer en inkt.

492. ☐ In slaap vallen en ☐ wakker worden naast de liefde van je leven.

493.

☐ Met je gat/neus* in de boter vallen, letterlijk!

* België – Nederland, er zit toch wat verschil in ons taaltje!

494.

☐ In je broek plassen.
(Kan je deze al niet meteen aanvinken?)

495.

☐ Alle afleveringen van Friends bekijken.

Als je 363 nog niet kon afvinken, kan je dat nu waarschijnlijk wel.

496.

☐ Op vakantie gaan met vrienden.

497.

☐ Pinguins zien in hun natuurlijke habitat. *happyfeet*

498.

☐ Je eigen groenten kweken.

Of heb je echt geen groene vingers?

499. ☐ GEZOND OUD WORDEN!

500.

☐

Alle items in dit boek aanvinken.

5 TIPS VOOR JOUW BUCKETLIST

1. **SCHRIJF JE BUCKETLIST OP.** Door je dromen op te schrijven ben je eerder geneigd ze waar te maken. Je maakt hierdoor een belofte aan jezelf 'pinkyswear'. Je kreeg reeds 500 ideeën voorgeschoteld, maar je hebt vast en zeker nog andere dromen. Al je persoonlijke wensen en doelen kan je op de volgende pagina's kwijt. (Dream big)

2. **GA VOOR AFWISSELING.** Zorg ervoor dat je lijst een goed evenwicht biedt tussen kleine en grote uitdagingen. De gemakkelijke items zullen ervoor zorgen dat je gemotiveerd blijft om ook de moeilijke items te verwezelijken. Zorg voor voldoende afwisseling tussen deze 6 categorieën: Ervaren, reizen/cultuur, lichaam/gezondheid, kennis/vaardigheden, liefde/vriendschap/familie en allerlei.

3. **BLIJF GEMOTIVEERD!** Je kan wel honderden lijstjes maken, maar als je er nooit meer naar omkijkt, heeft dat geen zin. Herkenbaar? Probeer maandelijks je bucketlist te overlopen en op regelmatige basis iets af te vinken.

4. **DEEL JE ERVARINGEN EN INSPIREER ANDEREN!** Door je bucketlist te delen met vrienden en familie (of waarom niet de rest van de wereld?) zal je hen inspireren om ook een actieplan op te stellen. En het zal ervoor zorgen dat je zal doorzetten om zoveel mogelijk items te kunnen afvinken. Je wilt niet dat anderen denken dat je een opgever bent, toch? #abucketlistlife

5. **GENIET!** Ongetwijfeld de belangrijkste tip die je kan krijgen. ENJOY THE RIDE!

Die with memories,
not dreams.

<----- DROMERS

Jouw road to happiness start hier!

Je bent halfweg! Hoe voelt het om een doener te zijn?

BEN JIJ EEN DOENER OF EEN DROMER?

Op deze pagina kan je je vorderingen volgen. Dit zal vooral handig zijn op die momenten waarop je wat motivatie kan gebruiken! Heb je al een lange tijd geen vakje meer kunnen inkleuren? Probeer dan iets eenvoudigs van de lijst aan te vinken!

wauw, je eerste 50 dromen zijn verwezenlijkt. Ben je klaar voor meer?

dromen werden 100 mooie herinneringen, koester ze!

Nog 100 dromen te verwezenlijken! Jij bent een echte levensgenieter!

soo! Maar wees gerust, zelfs voor jou is er nog zoveel te ontdekken!

DOENERS ----->

WWW.LANNOO.COM
Registreer u op onze website en we sturen u regelmatig een nieuwsbrief met informatie over nieuwe boeken en met interessante, exclusieve aanbiedingen.

Tekst: Elise De Rijck
Vormgeving: Valérie Machtelinckx i.s.m. Elise De Rijck

Als u opmerkingen of vragen heeft, dan kunt u contact nemen met onze redactie:
redactielifestyle@lannoo.com

Dertiende druk

D/2015/45/239 - NUR 450
ISBN: 978 94 014 2361 8